力尽き

2

つな

光文社

はじめに

　まずはこの本に興味を持ってくださり、ありがとうございます！

　タイトルを見て手に取ってくださった方、きっとお疲れのことでしょう。

　第一弾を見てくださった方、力尽きたときの手助けが少しでもできましたでしょうか。

　この本は、「がんばって力尽きたけど、どうしても自炊をしたい人」の味方です。
「ほんと疲れた、もうムリ……」というときでも作れるくらい、簡単なレシピをご紹介します。

　料理なんてやってられない、買い物もしたくない、洗い物も省略したい！　けどコンビニ飯は飽きたし、外食するより家でゆっくりしたい、節約もしたい……。そんなときに、本書をぜひお役立てください。（本当の限界のときは惣菜やレトルトに頼りましょう！）

レシピは「残りの体力別」にカテゴリー分けしてあります。残りHP 5 ％、20%、60%…あなたの今の体力はどのくらいですか？

　今回はさらにラクできるよう、「残りHP 5 ％のレシピ」を増量して新レシピを考えました。レンジを使ってワンタッチでできるレシピや、洗い物が極限まで少ないレシピも満載です。
　残りHP20％、60%のレシピも簡単なものばかりです。なぜなら、本書の著者はジャガイモの皮むきすら面倒なレベルの人間なので……。

「力尽きレシピ」が、疲れきった怒涛の毎日を乗り切るための手助けになりますように。
　今日も本当に、お疲れさまでした。

犬飼つな

力尽きたときの この本の

あなたの今のHPは？

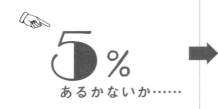

5%
あるかないか……

→ PART 1 へ。

ズボラ飯を食べて
さっさと寝よう

5%
ごはんもの
めんもの

・ハラペコで倒れそう
・どうにかおなかを満たしたい
・早く帰ってとにかく寝たい

5%
おかず

・残業で深夜!!
・白いごはんがあったはず
・バランスのとれた食事が必要

活用法

今、あなたの体力（HP）はどのくらい？
ヘトヘトなときほど頼ってほしいのがこの本。
今日もお疲れさまです！

20%
くらいしかない……

- 凝った料理なんてムリ
- 疲れた日ほど家ごはんが食べたい
- 「おなかすいた」コールにぐったり
- ビールくらいは飲んでいやされたい

  へ。

ズボラ飯を作って
テレビでも見よう

60%
ほど残っている！

- 仕事も切り上げたのでガッツリ食べたい
- せっかく早く帰れるので家で
  ゆっくり過ごしたい
- 「料理」っぽい料理を作りたい
- 家族のごはんを作らなくてはならない

  へ。

ズボラ飯を作るために
スーパーで買い物だ

ズボラの極意 **12**

① 電子レンジは ヘビロテ調理器具！

なんと言っても電子レンジ。火を使わない・片付けがラク・調理時間が短い！ ストレスなしです。耐熱皿で調理して食べれば洗い物も省略！

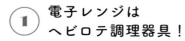

② なるべく食器ごと 調理しちゃおう

まぜたりレンジにかけたりするときは、はじめから食器を使ってしまえば洗い物が少なく、作ってそのまますぐに食べられるので一石二鳥！

③ 炊飯器は ほったらかし調理器具

炊飯器はごはんを炊くだけのもの、と思っていませんか。炊飯器は万能調理器具です。材料や調味料を全部入れてスイッチポン！　で料理が完成。

④ カット野菜は神

コンビニやスーパーで売っているカット野菜をフル活用。下処理や切る手間もなしで洗い物も少なく、この手軽さは一度知ったら手放せません。

⑤ チューブ最高

にんにくやしょうが、わさび、梅肉、からし、マスタードなど、チューブ製品はズボラ料理に必須！　最近は100円ショップなどでも買えます。

⑥ 冷凍ベジタブルを常備

ブロッコリーやほうれんそうなどの冷凍野菜は今やコンビニでも手に入る万能食材。なかなか使いきれない野菜をそのつど買う必要はありません。

⑦ 缶詰は気づいたら買う

缶詰は安売りの際にぜひ買って常備しておきましょう。賞味期限も長いので、多めに買っておくと安心です。かなり使えます。

⑧ ごはんはレトルトや冷凍でOK

ごはんはそのつど炊かなくても、レトルトや冷凍保存のストックがあればOK。いつでもレンチンで食べられるようにしておきましょう。

⑨ うどん、そうめん、パスタに頼る

冷凍うどんや乾めんのうどん、そうめん、パスタなどのめん類は、できるだけ常備しておくこと。ラクラクごちそう感のあるメニューが作れます。

⑩ キッチンばさみって使える!!

キッチンばさみは包丁とまな板いらずで野菜や肉をラクラク切ることができます。洗い物が面倒な人、包丁が苦手な人にもおすすめ。

⑪ 見た目より味!

ひとりのときのごはんなら、見た目なんて気にしない！それよりムダな体力を使わずどれだけラクしておいしくできるかが大事！　ですよね。

⑫ 食材がちょっと足りなくても気にしない

少しくらい食材が足りなくてもOK。そこで行き詰まらないで、臨機応変に味をみながら自由に料理を楽しみましょう。アレンジだってお好みで。

 というか、**細かいコトは、気にしない!!!**

「残りの体力（HP）を選んでください」

残りのHP **20%** → PART 2

少しならキッチンに立てるかな。の料理

Arrange チーズキーマトースト／カレーうどん
スパイシースパニッシュオムレツ

Arrange クリーミーごはんのミートドリア
ふわふわ卵のレンチンオムライス
パプリカのミートソースのせ

残りのHP **60%** → PART 3

よし、帰って何か作ろう！のレシピ

・電子レンジのワット数は500Wです。600Wの場合は時間を0.8倍にしてください。
・電子レンジやオーブン、トースターなどの調理器具をご使用の際には、お持ちの機種の取扱説明書に従ってください。
・野菜を洗う、皮をむくなどの下処理はすべて行っています。肉類の余分な脂身等の処理も同様です。
・大さじ1＝15㎖、小さじ1＝5㎖、1カップ＝200㎖です。1㎖は1ccです。1合は180㎖です。

残りのHP

PART 1

5%

もうダメだ…のときの
お助けごはん

本当にもう限界。でも、おなかはペコペコ……というときでも作れる超簡単レシピ！
前半はごはん・めん・パンなど一品で満足できるごはん、
後半は白いごはんがモリモリすすむ、主菜と副菜のパパッとレシピをご紹介します。

5%調理の極意

私今HP、5%くらいしかありません……ヘトヘト！
というときにできる料理って、どんなコツが？
本書のレシピで多用している便利なコツをまとめてご紹介します。

☞ 包丁・まな板を使わない

洗い物も
ラク

① ちぎる・裂く

大胆に手を使います。包丁とまな板を使って切って、洗い物
までする手間を考えたら、ちぎれるものはちぎりましょう。
ちぎったり裂いたりすることで、味のなじみがよくなる食材
も。また、お子さんや年配のかたとも安心して料理を楽しむ
ことができます。

ベーコン・ハム・ちくわ・サラダチキン・かにかま・
きのこ・青じそなど

\ ちぎりめし！ /

② キッチンばさみで切る

韓国でははさみで切る調理法が主流なくらい、はさみはめち
ゃめちゃ使えます。野菜はもちろん肉も切れ、そのまま調理
中の食材に切り落として加えていけば洗い物は最小！ 手で
ちぎるのとはさみで切る作業をうまく使い分けましょう。

ウインナー・ハム・ベーコン・肉・野菜・きのこなど

チョキチョキ
めし！

③ 切る必要のない食材を使う

> コンビニでも買えるもの多数！

しらす

スーパーなどで手軽に買えるしらすは、切る必要はもちろん、加熱も必要なし！

刻みねぎ

ねぎの小口切りはコンビニでも売っているほど。冷凍しておくと必要なぶんだけいつでも使えます。

ミニトマト

大きなトマトすら切るのが面倒なときは、ミニトマトを買いましょう。

鮭フレーク

焼いたりほぐしたりする手間のない鮭フレーク。ごはん、パスタ、うどんなど幅広く使える！

冷凍野菜

食感がよく、皮をむいたりゆでたりする手間もなく、長期保存できるのが何よりうれしい。

カット野菜

コンビニでも買えちゃう！切る必要がないうえ、洗う必要もなし。きのこなども出回っています。

刻みのり

仕上げに振ると、風味が一気に増します。自分で切ると面倒なうえ太くなるので、市販をストック。

ひき肉

ひき肉はそのまま使えて扱いやすい。特売のときにまとめて買ったら、小分けにして冷凍ストックを。

冷凍シーフードミックス

おなじみのシーフードミックスも、長期保存できてそのまま使えるので常にストックしておくと便利。

鶏手羽中

鶏手羽中は切る必要がないので調理しやすく、安価で手に入り、うまみもたっぷりの食材。

缶詰

いいだしも出るツナ缶やさんま缶、さば缶。トマト缶やコーン缶なども、常備しておきましょう。

パスタソース

市販のパスタソースは味が決まりやすく、具も入っているのでそのまま使えて大活躍。

スープのもと・お茶漬けのもと

粉末スープにひと工夫加えてご紹介します。お茶漬けのもとやお吸いもののもともいい味出してくれます。

チューブにんにく・しょうが

チューブのにんにくやしょうがは、すりおろす手間がなく、本当に便利。パパッと加えられます。

☞ 火を使わない —

文明の利器に頼ります

① レンチン！ で完成

本書の5%レシピのほとんどが、電子レンジでできるものと言っても過言ではありません。レンジは温めるだけの調理器具ではなく、こんなにたくさんの調理が一瞬でできちゃう優れモノ。

 うどん
 パスタ
 カレー
 ピラフ

 リゾット
 炒め物
ソテー
 焼きそば

② トースターで気軽にこんがり

オーブンを使わなくてもトースターで十分。こんがりとした料理や、とろ～りチーズの料理にはトースターが活躍。しっとり仕上がるホイル焼きに至っては、洗い物ほぼゼロ。

 ドリア
 スープドリア
 トースト

 フレンチトースト
 ホイル焼き
 チーズ焼き

③ 炊飯器でほったらかし

食材、調味料、水を入れてスイッチを押せば、次にふたを開けたときにはすでに料理が完成！ホカホカの感動レシピをご紹介します。調理中に安心してキッチンを離れられるのも◎。

 お茶漬けのもとで！さばの炊き込みごはん
 さんまとまいたけの炊き込みごはん

 シーフードピラフ
 ツナと丸ごとトマトの炊き込みリゾット

☞ 器ごと調理してそのまま食べよう

耐熱のどんぶりやお皿があれば、ボウル代わりに器の中で混ぜたりそのまま加熱したりでき、盛りつけずにそのまま食べられます。器の電子レンジやトースターの対応の可否は、よく確認して。

> 洗い物も盛りつけもめんどくさい

まぜる

①

レンチン

②

ひとつの器で完結!

レンジで
豚キムチうどん
p.48

☞ ごはんやめんは常にストック

炊いたごはんや乾めん、冷凍うどんがあると、抜群に調理がラク! ごはんはレトルトの常備も便利ですが、多めに炊いて小分けにラップをして冷凍しておくと、経済的でたっぷりと長期ストックできます。

のっけるだけで
食べられる!

まぜまぜしらす丼
p.18

レトルトも
便利

冷凍ごはん
さえあれば!

まぜるだけで
食べられる!

コーンバター
じょうゆめし
p.26

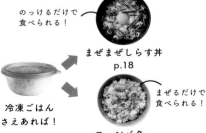

冷凍うどん

パスタ

そうめん

ゆで方・ストックのめんの超ラク術は、p.42からご紹介

時短でも ズボラでも 味が決まる、

コク出し **うまみ食材**

とにかく早い・簡単・うまい！ をモットーにしている力尽きレシピが一発で味が決まるのは、うまみ食材の力が大。少ない食材でもうまみたっぷりのごはんにしてくれます。

缶詰

ツナ缶を筆頭に、さば缶やさんま蒲焼き缶、焼き鳥缶など、この味つけを使わない手はありません。調味料のちょい足しで味の幅が広がります。

天かす

これさえあれば、面倒な揚げ物をしなくても、揚げ物級のボリュームとうまみが味わえる！ つゆのしみた天かすは無敵のうまみ。

きのこ

一見たんぱくな味に感じられるきのこは、実は、うまみが凝縮された食材。まいたけやしいたけは、冷凍でさらにうまみアップ！

キムチ

これさえあれば他に調味料がなくたっておいしくなるお助け食材。発酵食材なので体にもよく、炭水化物との相性は最高です。

パスタソース

すでに完成しているパスタソースも、アレンジしだいで食材として、いろいろ使えちゃうんです。具も入っていると考えると、コスパ◎。

チーズ

粉チーズ、ピザ用チーズなど、どのチーズもコクとまろやかさが特徴。満足度がグッと増すので、疲れたときにチャージしたくなる！

5%の
ごはんもの
めんもの

やっぱり、炭水化物を食べなきゃ始まらない！
これひとつ作りさえすれば、おなかは満たされ心もほっとする。
力尽きたときのパワーチャージにおすすめしたい、ボリューム満点な主食です。
洗い物は食器ひとつというレシピも多いから、食べたあとも気がラク。
ひとりめしや夜食にもピッタリです。

包丁も家電も必要なし！
ごま油の香りが決め手です

まぜまぜしらす丼

◍ <u>材料（1人分）</u>

あたたかいごはん…茶碗1杯分
釜揚げしらす…好みの量
刻みのり、かつお節、刻みねぎ…各好みの量
卵黄…1個分
しょうゆ、ごま油…各好みの量

🥄 <u>作り方</u>

❶ ごはんにしらすをたっぷりとのせ、かつお節、のり、
　ねぎをのせる。
❷ 真ん中をくぼませて卵黄をのせ、食べるときにしょう
　ゆをかけてごま油を垂らす。よくまぜて食べる。

HP5％の一品完結レシピ

のっけてまぜて、ハイ出来上がり！

崩しハンバーグ丼

🧅 材料（1人分）

あたたかいごはん…茶碗1杯分
豚ひき肉…100g
ケチャップ…大さじ1.5
中濃ソース…大さじ1
チューブにんにく…5mm
マヨネーズ…小さじ1
卵…1個

🥄 作り方

❶ ひき肉を耐熱皿に入れ、調味料をすべて加え、よくまぜる。
❷ ふんわりラップをかけて電子レンジで4分30秒加熱する。まだ赤ければ、まぜてから再度加熱する。
❸ ごはんの上に❷をのせ、温泉卵を作ってのせる。

> レンジ
> 温泉卵の
> 作り方
>
> マグカップに卵を割り入れて100mℓの水を加え、ラップをせずに電子レンジで1分ほど加熱し、スプーンでそっと取り出す。固まり具合をみて加熱時間を調節する。

さばトマトカレー

🧅 材料（2～3人分）

あたたかいごはん…2～3杯分
さば水煮缶…1缶
トマト缶
　（ホールでもカットでも）…1缶
中濃ソース…大さじ1
チューブにんにく…2cm
チューブしょうが…2cm
カレールウ…2かけ

🥄 作り方

❶ 耐熱容器にさば水煮缶をあけて、軽く身をほぐす。トマト缶と調味料すべてを加えたら、軽くまぜてふんわりラップをかけ、電子レンジで4分加熱する。
❷ ルウがしっかり溶けるように、よくまぜる。
❸ 器にごはんを盛り、❷をかける。

❶

❷

> POINT　　臭みのない、少しお高めのさば缶を使うのがおすすめ。残ったカレーは冷凍OK！

のっけめし

ひき肉だけの丸めない
ハンバーグ。レンチンだけ
でロコモコ風に！
崩しハンバーグ丼

残りのHP 5%

HP5%の一品完結レシピ

丸めないハンバーグ、
煮込まないカレー、
すべてレンチンで絶品！！！

さばのうまみが溶け込んだ
トマトカレーは、
ごはんとの相性が最高！
さばトマトカレー

一杯で疲れが吹っ飛ぶ、スタミナ丼

がっつり豚バラ丼

◍ **材料（１人分）**

あたたかいごはん…茶碗１杯分
豚バラ薄切り肉…100ｇ
焼肉のたれ…大さじ1.5
みそ…小さじ1/2
卵黄…１個分
刻みねぎ、いり白ごま…各好みの量

🥄 **作り方**

❶ キッチンばさみで適当な大きさに切った豚肉を耐熱皿
　 に入れ、焼肉のたれとみそを加えてよくまぜる。
❷ ラップをせずに電子レンジで３分30秒加熱する。
❸ 器にごはんを入れて❷をのせ、卵黄、ねぎをのせ、白
　 ごまを振る。

ちょこっとまぜるみそがこってり感と
コクをプラスしてくれるので、
ごはんがもりもりすすむ！

さんまは崩しすぎず
適度に塊を残して

さんまの蒲焼き
のっけ丼

🍚 材料（1人分）

あたたかいごはん…茶碗1杯分
さんま蒲焼き缶…1缶
コチュジャン…小さじ2
チューブにんにく…1cm
刻みのり、マヨネーズ
　…各好みの量
卵黄…1個分

🥄 作り方

❶ さんま蒲焼き缶を耐熱皿に移し、コチュジャンと
　チューブにんにくを加えて軽く崩しながらまぜる。

❷ ふんわりラップをかけて電子レンジで30秒加熱
　する。

❸ 器にごはんを盛って❷をのせ、のり、マヨネーズ
　をかけたら卵黄をのせる。

 さんまの蒲焼き缶をピリ辛味にアレンジ。
マヨネーズとの相性もこれまたばつぐん

24

あっさりめな塩味の鶏そぼろ丼。
もも肉のひき肉を使えば
ジューシーな仕上がりに

塩鶏そぼろ丼

🍚 材料（1人分）

あたたかいごはん…茶碗1杯分
鶏ひき肉…100g
刻みねぎ…30g

Ⓐ
┌ 鶏ガラスープのもと…小さじ1
│ 酒、調味酢…各小さじ2
│ 塩…ひとつまみ
└ ごま油…小さじ1/2

いり白ごま…好みの量

🍳 作り方

❶ 耐熱皿に鶏ひき肉、ねぎ、Ⓐを入れてまぜる。
❷ ふんわりラップをかけて電子レンジで2分加熱する。
❸ 一度取り出してまぜ、再度2分加熱し、ごはんにのせて白ごまを振る。

 作りおきしておいて帰ったら温めるのも◎

レンジでチンして
まぜるだけの簡単ピラフ
カレーピラフ風まぜめし

まちがいない
コーン×バターじょうゆの
組み合わせ！
**コーンバター
じょうゆめし**

まいたけのうまみがごはんにしみる。
あっという間にできて、
まるで炊き込みごはん！

鮭とまいたけのまぜごはん

27

コーンバターじょうゆめし

🍚 <u>材料（1人分）</u>

あたたかいごはん…茶碗1杯分
冷凍コーン…50g
ハーフベーコン…2枚
Ⓐ ┌ しょうゆ…小さじ1
  │ バター…小さじ2
  └ 砂糖…小さじ1/2
青のり…好みの量

🍳 <u>作り方</u>

❶ 耐熱皿に冷凍コーンとちぎったベーコンを入れ、Ⓐを加える。
❷ ふんわりラップをかけて電子レンジで1分30秒加熱する。
❸ ごはんを加えてよくまぜる。好みで青のりを振る。

カレーピラフ風まぜめし

🍚 <u>材料（1人分）</u>

あたたかいごはん…茶碗1杯分
ウインナー…2本
冷凍コーン…大さじ2
カレー粉、お好み焼きソース…各小さじ1
ケチャップ…大さじ1
しょうゆ、バター…各小さじ1
粉チーズ…好みの量

🍳 <u>作り方</u>

❶ 耐熱皿にキッチンばさみでぶつ切りにしたウインナーとコーンを入れ、カレー粉、お好み焼きソース、ケチャップを加えてよくまぜる。
❷ ふんわりラップをかけて電子レンジで2分加熱する。
❸ 汁気をきった❷にごはん、しょうゆ、バターを加え、よくまぜて粉チーズをかける。

鮭とまいたけのまぜごはん

🍚 <u>材料（1人分）</u>

あたたかいごはん…茶碗1杯分
鮭フレーク…大さじ2
まいたけ…1/2袋
顆粒だし、バター…各小さじ1

🍳 <u>作り方</u>

❶ まいたけはほぐして耐熱皿に入れ、だしとバターを加えたらふんわりラップをかけて電子レンジで1分加熱する。
❷ 汁気をきった❶、鮭フレーク、ごはんをよくまぜる。

マグカップで簡単いり卵が
作れちゃう！

ツナたままぜ寿司

🍚 材料（1人分）

あたたかいごはん…茶碗1杯分
ツナ缶…1/2缶
卵…1個
刻みのり、いり白ごま…各好みの量
Ⓐ ┌ みりん、砂糖…各小さじ1
　　 牛乳…小さじ2
　　└ 塩…ひとつまみ
マヨネーズ、しょうゆ…各小さじ1
調味酢…小さじ2

🌙 作り方

❶ マグカップに卵を割り入れ、Ⓐを加えてまぜたら、電子レンジで40秒加熱する。一度取り出してよくまぜ、再度30秒加熱し、ほぐすようにまぜていり卵を作る。

❷ ツナにマヨネーズとしょうゆを加えてまぜる。

❸ ごはんに調味酢をまぜて酢飯を作る。

❹ ❸にのりをのせ、その上に❷、❶をのせて、白ごまを振る。

トースタードリア

甘みのあるコンポタごはんに、
ベーコンとチーズの塩気が合う
コンポタドリア

じゅわっと焼けた
こってりマヨネーズと
明太子ごはんの相性はばつぐん！

明太マヨドリア

オニオンコンソメスープで、
リゾット風ドリアに！
卵とチーズで満足感をプラス

**オニオングラタン
スープ風ドリア**

コンポタドリア

🍳 材料（1人分）

あたたかいごはん…茶碗1杯分
粉末コーンポタージュスープ
　　…1袋
湯…大さじ5
ハーフベーコン…2枚
ピザ用チーズ…好みの量

🍴 作り方

❶耐熱皿にコーンポタージュスープの粉を入れ、湯を加えて溶けるまでまぜる。
❷ごはんを加えてまぜ、ちぎったベーコンとチーズをのせて焼き色がつくまでトースターで焼く。

> POINT　お好みでこしょうを振っても！

明太マヨドリア

🍳 材料（1人分）

あたたかいごはん…茶碗1杯分
明太子パスタソース…1人分
マヨネーズ、刻みのり
　　…各好みの量

🍴 作り方

❶ごはんに明太子パスタソースをまぜる。
❷マヨネーズをかけ、トースターまたは電子レンジで、マヨネーズがじゅわっとするまで加熱する。
❸のりを振る（パスタソースに付属のものでもOK）。

オニオングラタンスープ風ドリア

 材料（1人分）

あたたかいごはん…茶碗1杯分
粉末オニオンコンソメスープ…1袋
湯…120㎖
卵…1個
ピザ用チーズ…好みの量

作り方

❶ ごはんにオニオンコンソメスープの粉をかけて、湯を加えてよくまぜる。

❷ チーズと卵をのせ、トースターで好みの具合になるまで焼く。好みでこしょうを振っても。

POINT　お湯の量はお好みで調節してOK!

 パスタソースや即席スープを
常備しておけば、
さくっと激うまドリアの完成

サラダチキンをのせるだけで
蒸し鶏風のさっぱり茶漬けに

サラダチキン
茶漬け

🍚 材料（1人分）

あたたかいごはん…茶碗1杯分
サラダチキン…好みの量
顆粒だし…小さじ1/2
塩こんぶ、刻みねぎ、刻みのり、湯
…各好みの量

🧅 作り方

❶サラダチキンをほぐす。

❷ごはんの上に❶と塩こんぶ、ねぎをのせ、
だしを振って湯をかけ、のりを散らす。好
みでわさびを添えても。

 軽めに食べたいときに。サラダチキンで
タンパク質が摂れるので、食欲がないときにも◎

さんま蒲焼き缶でうなぎの味を再現！
味が濃くなるので缶の汁は入れすぎないこと

ひつまぶし風茶漬け

🍚 材料（1人分）

あたたかいごはん…茶碗1杯分
さんま蒲焼き缶…1缶
お茶漬けのもと…1袋
刻みねぎ、湯…各好みの量

🥢 作り方

❶ ごはんを器に盛り、さんま蒲焼き缶の具をのせ、お茶漬けのもとをかける。
❷ 湯をかけ、ねぎをのせる。好みでわさびを添えても。

 ねぎがないときはなしで作っても美味。青じそなども合います

レンジでリゾット

◍ 材料（１人分）

あたたかいごはん…茶碗１杯分
鮭フレーク…大さじ３
冷凍ブロッコリー…４〜５個
牛乳…大さじ３
粉チーズ…大さじ１
塩…２つまみ
粗びき黒こしょう…好みの量

☽ 作り方

❶ 冷凍ブロッコリーをラップに包み、電子レンジで1分加
熱する。

❷ 耐熱皿にごはんを入れ、鮭フレーク、牛乳、粉チーズ、
塩を加えて軽くまぜ、❶をのせてふんわりラップをかけ、
電子レンジで２分加熱する。

❸ よくまぜてこしょうを振る。

> POINT　ごはんはかために炊いたものだとよりリゾット風に。

 冷凍ブロッコリーと鮭フレークの
ビン詰さえあれば！

お皿ひとつでリゾットが完成!?
クリーミーなごはんと鮭フレークがぴったり

鮭とブロッコリーの
レンジチーズリゾット

炊飯器で一発！

「お茶漬け感」は残らず、
「何味かよくわからんけどめちゃうま」
な炊き込みごはんになる
お茶漬けのもとで！
さばの炊き込みごはん

蒲焼きのたれ味のおかげで、
凝った炊き込みごはんのような味に
さんまとまいたけの
炊き込みごはん

冷凍シーフードに
冷凍野菜があれば無敵！
包丁も不要なので
後片付けもラクチン

シーフードピラフ

丸ごと入れて炊き込んだトマトで、
さっぱり食べられます。
好みでチーズをのせても

**ツナと丸ごとトマトの
炊き込みリゾット**

お茶漬けのもとで！ さばの炊き込みごはん

◎ 材料（1合分）

米…1合
さば水煮缶…1缶
お茶漬けのもと…1袋
めんつゆ（2倍濃縮）…大さじ1弱
刻みねぎ…好みの量

◗ 作り方

❶ 米はといで炊飯器の内釜に入れ、さば缶の汁とめんつゆを加えて、水を1合の目盛りよりやや少なめに入れる。
❷ お茶漬けのもととさば缶の身を加えたら、普通モードか炊き込みモードで炊く。
❸ 器に盛り、ねぎを散らす。

さんまとまいたけの炊き込みごはん

◎ 材料（1合分）

米…1合
さんま蒲焼き缶…1缶
まいたけ…1袋
青じそ…好みの量
チューブしょうが…2～3cm
めんつゆ（2倍濃縮）…大さじ2

◗ 作り方

❶ 米はといで炊飯器の内釜に入れ、さんま蒲焼き缶の汁とめんつゆを加えたら、水を1合の目盛りよりやや少なめに入れる。
❷ さんま蒲焼き缶の身、手でほぐしたまいたけ、しょうがを加え、普通モードか炊き込みモードで炊く。
❸ よくまぜ、器に盛ってちぎった青じそを散らす。

POINT 青じその代わりに刻みのりや刻みねぎでもOK。

シーフードピラフ

🍳 材料（1合分）

米…1合
冷凍シーフードミックス…200g
冷凍コーン…大さじ2
冷凍ほうれんそう…ふたつかみ
顆粒コンソメ…小さじ2
チューブにんにく…1cm
バター…大さじ1
塩、粗びき黒こしょう…各好みの量

🍳 作り方

❶ 米はといで炊飯器の内釜に入れ、水を1合の目盛りまで加えたら、大さじ3杯分の水を捨てる。

❷ 表面を洗ったシーフードミックス、コーン、ほうれんそう、コンソメ、にんにくを加え、普通モードか炊き込みモードで炊く。

❸ バターを入れてよくまぜ、塩、こしょうを味をみながら好みの量加える。

 # ツナと丸ごとトマトの炊き込みリゾット

🍳 材料（1合分）

米…1合
ツナ缶（オイル）…1缶
トマト…大1個（小なら2個）
めんつゆ（2倍濃縮）…大さじ2
チューブにんにく…2cm
塩…小さじ1/4
乾燥パセリ…好みの量
しょうゆ…好みで小さじ1程度

🍳 作り方

❶ 米はといで炊飯器の内釜に入れ、水を1合の目盛りまで加えたら、水を大さじ10杯分捨てる。ツナを缶汁ごと入れ、めんつゆとにんにく、塩を加える。

❷ トマトのヘタをくりぬくように切って、ヘタと反対側に十字の切り込みを入れたら、❶の中央にのせて普通モードか炊き込みモードで炊く。

❸ パセリを振り、味が薄ければしょうゆを加える。

 ぜ〜んぶ炊飯器に材料を入れてスイッチポン！ で作れるごはんもの

I

パスタは、レンジでゆでられる！

火いらずなべいらず！

実は、パスタもレンジでゆでられるんです！
水を入れて、レンジにかけるだけ！

① 専用のゆで容器を使う場合

＼100円ショップでも買えます／

❶

水、塩、パスタを入れる。

＼湯きり口つき／

❷

容器の表示時間どおりにレンジでチン！

注意！

ゆで時間が短いものだとべちゃっとするのでゆで時間5分以上のものを使用。

+@

パスタと一緒に冷凍野菜などの具材を一緒にゆでてもOK

野菜やベーコンなどの具材をパスタと一緒に容器に入れてレンジにかければさらに時短になります。

水を火にかけて、湯を沸かして……の手間すら
面倒な日に役立つ、電子レンジでめんをゆでるコツ。

② 耐熱の器でチンする場合

❶ 器に入るようにパスタを半分に折る。

❷ パスタ80g、水500㎖、塩小さじ1/2を入れて、ラップをせずに「めんのゆで時間＋4分」レンジでチン！（1本食べてみてかたければ1分追加でチン）

| ザルで湯をきって |

あとはあえるだけ！

火を使わずできる

具材も一気に調理可

湯を沸かす手間いらず

43

Ⅱ

しこしこもちもち！

冷凍うどんは レンチンゆでがおすすめ

もちっとしたうどんが好きなら、冷凍うどんがおすすめ。
なべも水も火も使わず、レンチンでゆでたてうどんの出来上がり！

- ▶ とにかく早ゆで！
- ▶ 湯を沸かすどころか水さえも不要
- ▶ お店レベルにおいしい！
- ▶ 冷凍庫に長期ストックしておける

耐熱皿にのせる。

袋の表示時間どおりにレンジでチン！

＼簡単すぎる……！／

Ⅲ すぐ食べられる！そうめんで、自家製流水めんをストックしよう

そうめんは食べる量より多めにゆでてストックがおすすめ。
流水でほぐすだけでつるつる感が蘇ります。
冷蔵で2〜3日くらい保存可能。

❶ ふつうにゆでる。

❷ 保存容器に入れて冷蔵庫へ。

使うときは……
ザルに入れて
水でさっと
すすぐ

つるつる感復活！

バターとにんにくの効いた、
まぜるだけの超簡単うどん

鮭ガーリック
バターうどん

46

◎ 材料（1人分）

冷凍うどん…1玉
鮭フレーク…大さじ3
冷凍ほうれんそう…ひとつかみ
めんつゆ(2倍濃縮)…大さじ1
バター…小さじ1
チューブにんにく…5㎜
刻みねぎ、刻みのり…各好みの量

🍴 作り方

❶ 耐熱容器にうどんとほうれんそうを入れてふんわりラップをかけ、電子レンジで3分30秒加熱する。

❷ ❶に鮭フレークとすべての調味料を入れてよくまぜる。

❸ のりとねぎをのせる。

POINT もしなければ冷凍ほうれんそうは省略しても
       OK！

冷凍うどんってつくづく
簡単で、もちもちおいしい

ぜーんぶ器に入れてレンジに
かけるだけなのに、ばつぐんにおいしい！

レンジで
豚キムチうどん

◍ 材料（1人分）

冷凍うどん…1玉
白菜キムチ…50g
豚バラ薄切り肉…80g
めんつゆ(2倍濃縮)…大さじ2
ごま油…小さじ1
卵…1個
刻みねぎ…好みの量

👅 作り方

❶耐熱容器に豚肉を入れ、めんつゆ、ごま油を加えてまぜる。
❷❶の上にキムチ、うどんの順にのせて、ふんわりラップ
　をかけ、電子レンジで5分加熱する。
❸よくまぜ、卵、ねぎをのせる。

POINT ❷で肉やうどんに火が通っていなければ、追加で
30秒～1分加熱する。

冷凍うどんは下ゆで不要。
最初から器に入れて
レンチンすれば洗い物も最小！

残りのHP
%

冷凍うどんでつるしこレシピ

さんまのてりマヨうどん

🍜 材料（1人分）

冷凍うどん…1玉
さんま蒲焼き缶…1缶
刻みねぎ…好みの量
めんつゆ（2倍濃縮）…大さじ1/2
マヨネーズ…好みの量

🌙 作り方

❶冷凍うどんを電子レンジで袋の表示どおり加熱する。
❷❶を器に入れてめんつゆを加えてよくまぜる。さんま缶の身を取り出してのせ、マヨネーズをかけてねぎを散らす。

なんちゃって鶏天うどん

🍜 材料（1人分）

冷凍うどん…1玉
サラダチキン…1個
天かす、刻みねぎ、めんつゆ（2倍濃縮）、レモン汁…各好みの量

🌙 作り方

❶冷凍うどんを電子レンジで袋の表示どおり加熱する。
❷❶を器に入れて裂いたサラダチキン、天かす、ねぎをのせ、めんつゆとレモン汁をかける。

いそべ揚げ風うどん

🍜 材料（1人分）

冷凍うどん…1玉
ちくわ…2〜3本
天かす、青のり、めんつゆ（2倍濃縮）…各好みの量

🌙 作り方

❶冷凍うどんを電子レンジで袋の表示どおり加熱する。
❷❶を器に入れて、キッチンばさみでぶつ切りにしたちくわ、天かす、青のりをのせてめんつゆをかける。

さんま缶の甘辛味がマヨととも
にうどんにからんで美味！
さんまのてりマヨうどん

残りのHP ◑ ％

のっけうどん

口の中に入れた瞬間「とり天」に！
レモン風味がクセになる
なんちゃって鶏天うどん

POINT
さんま蒲焼き缶の汁は全部かけると味が
濃すぎるので、お好みで適度に加えて。

POINT
レモン風味のサラダチキン
を使えば、レモン汁は不要。

ちくわ＋青のり＋天かすは
一緒に食べれば「いそべ揚げ」！
いそべ揚げ風うどん

POINT
ちくわを切るのも面倒なら手でちぎって。

51

パスタをレンチンゆでしたら、
どんどん調味料を入れてまぜるだけ！

あえるだけ！
ツナとほうれんそうの
クリームパスタ

52

🍲 材料（1人分）

スパゲッティ…約80g
ツナ缶…1缶
冷凍ほうれんそう…ひとつかみ
牛乳…大さじ3
マヨネーズ、粉チーズ…各大さじ1
粗びき黒こしょう…好みの量

❷

❷

🥄 作り方

❶ スパゲッティとほうれんそう、塩（分量外）をパスタゆ
　で用の容器か耐熱の器に入れて、水（分量外）を加え、
　電子レンジで加熱してゆでる（もしくはなべでゆでる）。

❷ 湯をきり、汁をきったツナ、牛乳、マヨネーズ、粉チー
　ズを加えてよくまぜ、こしょうを振る。

> POINT　　パスタを電子レンジでゆでる方法はp.42で詳しくご紹介。

パスタだって、レンジでチンすれば
お湯を沸かす必要なし！

チンして
あえるだけパスタ！
バリエ

ツナのコクと和の
調味料がマッチ！
ツナの和風パスタ

生クリームなしで、
濃厚クリーミーなソースに
カルボナーラ

なべもフライパンも使わずに
なつかしの王道
スパゲッティが完成

ナポリタン

残りのHP

%

チンしてあえるだけパスタ

レモンのさわやかな酸味を
クリーミー仕立てに

鮭レモンクリームパスタ

カルボナーラ

◎ 材料（1人分）

スパゲッティ…約80g
ハーフベーコン…4枚
冷凍ほうれんそう…ひとつかみ
マヨネーズ、粉チーズ
　　…各大さじ1
牛乳…大さじ3
卵黄…1個分
粗びき黒こしょう…好みの量

● 作り方

❶ スパゲッティとちぎったベーコン、ほうれんそう、塩（分量外）をパスタゆで用の容器か耐熱の器に入れて、水（分量外）を加え、電子レンジで加熱してゆでる（もしくはなべでゆでる）。
❷ 湯をきり、マヨネーズ、粉チーズ、牛乳を加えてよくまぜる。
❸ 卵黄をのせて、こしょうを振る。

 # ツナの和風パスタ

◎ 材料（1人分）

スパゲッティ…約80g
ツナ缶…1缶
めんつゆ（2倍濃縮）…大さじ2
しょうゆ…小さじ1
刻みのり…好みの量

● 作り方

❶ スパゲッティと塩（分量外）をパスタゆで用の容器か耐熱の器に入れて、水（分量外）を加え、電子レンジで加熱してゆでる（もしくはなべでゆでる）。
❷ 湯をきり、汁を適度にきったツナ、しょうゆ、めんつゆを加えてよくまぜ、のりをのせる。

ナポリタン

材料（1人分）

スパゲッティ…約80g
ウインナー…2本
冷凍ほうれんそう…ひとつかみ
ケチャップ…大さじ3
バター…小さじ1
塩、こしょう…各好みの量

作り方

❶ スパゲッティとぶつ切りにしたウインナー、ほうれんそう、塩（分量外）をパスタゆで用の容器か耐熱の器に入れて、水（分量外）を加え、電子レンジで加熱してゆでる（もしくはなべでゆでる）。
❷ 湯をきり、ケチャップ、バターを加えてよくまぜる。味をみて、塩、こしょう、好みで粉チーズを振る。

 # 鮭レモンクリームパスタ

材料（1人分）

スパゲッティ…約80g
冷凍ほうれんそう…ひとつかみ
鮭フレーク…大さじ3
牛乳…大さじ3
マヨネーズ、レモン汁
　…各大さじ1
粗びき黒こしょう…好みの量

作り方

❶ スパゲッティとほうれんそう、塩（分量外）をパスタゆで用の容器か耐熱の器に入れて、水（分量外）を加え、電子レンジで加熱してゆでる（もしくはなべでゆでる）。
❷ 湯をきり、牛乳、マヨネーズ、鮭、レモン汁を加えてよくまぜ、こしょうを振る。

POINT パスタを電子レンジでゆでる方法はp.42で詳しくご紹介。

かつお節の香りが効いた、
うまみだしパスタ

ベーコンと青じその
ポン酢パスタ

🍚 材料（1人分）

スパゲッティ…約80g
ハーフベーコン…4枚
かつお節…大さじ1
ポン酢しょうゆ…大さじ1
レモン汁…小さじ2
塩、こしょう…各好みの量
青じそ…2〜3枚

🥄 作り方

❶ スパゲッティとちぎったベーコン、塩（分量外）をパスタ
　ゆで用の容器か耐熱の器に入れて、水（分量外）を加え、
　電子レンジで加熱してゆでる（もしくはなべでゆでる）。

❷ 湯をきり、ポン酢、かつお節、レモン汁をかけてよく
　まぜる。

❸ 味をみて塩、こしょうを振る。青じそを切って散らす。

 和風パスタも
チンしてあえるだけ！

マヨでコク出し、生クリームいらず
たらこクリームパスタ

🏮 材料（1人分）

スパゲッティ…約80g
たらこパスタソース
　（刻みのりつき）…1人分
牛乳…大さじ3
マヨネーズ…大さじ1

🍴 作り方

❶ スパゲッティと、塩（分量外）をパスタゆで用の容器か耐熱の器に入れて、水（分量外）を加え、電子レンジで加熱してゆでる（もしくはなべでゆでる）。

❷ 湯をきり、たらこパスタソース、牛乳、マヨネーズを加えてよくまぜる。のりをのせる。

マヨネーズとにんにくで、ほどよく
こってりした食べごたえある一品に

ツナトマポン酢 そうめん

🌼 材料（1人分）

そうめん…1〜2束
ツナ缶…1缶
ミニトマト…4〜5個
ポン酢しょうゆ…大さじ2
チューブにんにく…5mm
マヨネーズ、刻みのり…各好みの量

🍴 作り方

❶ そうめんはゆで、水で冷やしたらしっかり
水気をきって器に盛る。

❷ ツナ缶の汁をきって❶にのせ、半分に切っ
たミニトマトものせる。

❸ ポン酢とにんにくをまぜて❷の上からかけ、
マヨネーズとのりをかける。

 がっつりいきたいときはにんにく増量がおすすめ

材料（1人分）

そうめん…好みの量
さばみそ煮缶…1缶
- A
  - めんつゆ（2倍濃縮）、
  - すり白ごま…各大さじ1
  - チューブしょうが…1cm

水…50〜100㎖
刻みねぎ…好みの量
調味酢…大さじ1（お好みで）

作り方

1. そうめんはゆで、水にさらして冷やし、器に盛る。
2. つけ汁用の器にさばみそ缶を汁ごとあけて身を軽くほぐし、Aを加えてまぜる。
3. 味をみながら水を加えて混ぜ、ねぎを加える。好みで調味酢を加える。

さばみそ缶ベースなら、
うまみがたっぷりとけ込んだ
つけ汁が簡単！

さばみそ
つけそうめん

酢はお好みで、途中で入れて味を変えて
食べるのがおすすめ。二度おいしいやつ！！

61

冷凍シーフードミックスを使った、
レンチンで簡単に作れる塩焼きそば

焼かない塩焼きそば

◍ 材料（1人分）

焼きそばめん…1袋
冷凍シーフードミックス…70g
鶏ガラスープのもと…小さじ1.5
水…大さじ2
チューブにんにく…5mm
ごま油…小さじ2
塩…2つまみ
粗びき黒こしょう…好みの量

🥄 作り方

❶ 冷凍シーフードミックスの表面を流水でしっかり洗い流す。

❷ 耐熱皿に焼きそばめんをのせてほぐし、鶏ガラスープのもと、水、にんにく、ごま油をかけてよくまぜる。

❸ ❶をのせて、ふんわりラップをかけたら電子レンジで4分加熱する。

❹ 塩を加えてよく混ぜ、器に盛り、お好みでこしょうを振る。

材料（1人分）

焼きそばめん…1袋
鶏ガラスープのもと…小さじ1

Ⓐ
めんつゆ（2倍濃縮）…大さじ3
調味酢…大さじ1
チューブにんにく…5mm
ごま油…小さじ1/2

刻みねぎ、ロースハム、いり白ごま
　　…各好みの量

作り方

❶ 耐熱皿に焼きそばめんをのせ、鶏ガラスープのもとと水大さじ2（分量外）をかけ、ふんわりラップをかけて電子レンジで1分30秒加熱する。

❷ 別の器にⒶ、水100mℓ（分量外）を入れてよくまぜ、ねぎ、白ごまを加える。

❸ ロースハムを適当な大きさにちぎって、❶に添える。

残りのHP **5** %

中華めんアレンジ

さっぱりしたつけ汁に、
軽く下味をつけためんをからめて。
ゆでないラクラクつけめん

ねぎまみれつけめん

トーストカタログ

しらすピザのおいしさを
トーストで再現

しらすトースト

◈ **材料（1人分）**

8枚切り食パン…1枚
しらす…好みの量
ケチャップ、
　ピザ用チーズ
　…各好みの量

◗ **作り方**

❶ 食パンにケチャップを塗り、
　しらす、チーズの順でのせる。
❷ トースターで好みの焼き具合
　になるまで焼く。

◈ **材料（1人分）**

8枚切り食パン…1枚
焼き鳥缶…1缶
マヨネーズ、刻みのり
…各好みの量

かにかまで手軽に味わえ
るのがうれしい！

かにマヨ
ピザトースト

てりやきバーガーのような
絶妙な味わい

てりやきチキン風
トースト

🥄 作り方

❶ 食パンに焼き鳥をのせ（た
れはなるべくのせない）、マ
ヨネーズをかける。

❷ トースターで好みの焼き具
合になるまで焼いたら、の
りをのせる。

🍙 材料（1人分）

8枚切り食パン…1枚
かに風味かまぼこ
　…好みの量
マヨネーズ、
　ピザ用チーズ
　…各好みの量

🥄 作り方

❶ 食パンにマヨネーズを塗る。

❷ 裂いたかにかまをのせ、チ
ーズをのせる。

❸ トースターで好みの焼き具
合になるまで焼く。

明太子とクリチは好みで調節して。
ばつぐんにおいしい組み合わせ

明太クリームチーズ
トースト

◎ 材料（1人分）

8枚切り食パン…1枚
明太子…1/2本
クリームチーズ
　…大さじ3くらい
青じそ…2〜3枚

🥄 作り方

❶ 明太子は薄皮を除きながら
ほぐし、クリームチーズと
よく混ぜる。

❷ 食パンに❶を塗り、トース
ターで好みの焼き具合にな
るまで焼く。キッチンばさ
みで切った青じそを散らす。

◎ 材料（1人分）

8枚切り食パン…1枚
ハーフベーコン…2枚
乾燥バジル…小さじ1/2
ケチャップ…大さじ1〜2
チューブにんにく…5mm
ピザ用チーズ、乾燥パセリ
　…各好みの量

とろとろ卵がたまらない、
ボリューミーなトースト。
食べづらければ
ナイフとフォークを使って

とろとろ
ハムエッグ
トースト

市販のピザソースいらず！
バジルとにんにくを
ケチャップにまぜ込み
本格的な味に

ピザトースト

> ### POINT
>
> 卵は常温に戻しておく
> と、卵が固まる前に食
> パンが焦げるのを防げ
> ます。

◔ 作り方

❶ 食パンにケチャップ、にん
にく、乾燥バジルをのせ、
まぜながら塗り広げる。ち
ぎったベーコンとピザ用チ
ーズをのせる。

❷ トースターで好みの焼き具
合になるまで焼く。パセリ
を散らす。

⬭ 材料（1人分）

8枚切り食パン…1枚
ロースハム…1枚
卵…1個
ピザ用チーズ、
　マヨネーズ、
　塩、こしょう
　…各好みの量

◔ 作り方

❶ 食パンにマヨネーズをたっぷ
り塗る。ロースハム→チーズ
の順にのせ、中央を少しへこ
ませたら卵を割ってのせる。

❷ トースターで卵が好みの具合
になるまで焼いて、好みで塩、
こしょうを振る。

67

かつお節のうまみが効いた、
意外な組み合わせがおいしい
和風トースト

和風ハムマヨ
トースト

◎ **材料（1人分）**

8枚切り食パン…1枚
ロースハム…2枚
かつお節…大さじ1くらい
マヨネーズ…大さじ1＋好みの量
刻みのり…好みの量

☞ **作り方**

食パンにマヨネーズ大さじ1とかつお節をのせ、塗り
広げる。ちぎったロースハムをのせ、マヨネーズを好
みの量かけたらトースターで好みの焼き具合になるま
で焼く。好みでのりを散らす。

🌸 材料（1人分）

8枚切り食パン…1枚
卵…1個
牛乳…大さじ3
砂糖…大さじ1＋好みの量
バター…小さじ2
メープルシロップ
　…好みの量

🍴 作り方

❶ 耐熱容器に卵を溶きほぐし、牛乳と砂糖大さじ1を加えてよくまぜたら、6つにちぎった食パンをひたす。

❷ ラップせずに電子レンジで1分30秒加熱して取り出し、上下を返して残った卵液を全体にからめる。

❸ トースターの天板にアルミホイルを敷いてバター小さじ1をのせたら少し加熱し、溶けたバターを塗り広げ、その上に❷を広げてのせる。

❹ 上にバター小さじ1をのせて砂糖少々をふりかけ、好みの焼き具合になるまで焼く。食べるときにメープルシロップをかける。

POINT

トースターで焼くのは時間がかかるので、短時間で仕上げたければフライパンで片面1分ずつ焼いてもOK。卵液は、砂糖の代わりにメープルシロップを使ってもコクが出て美味。

レンジを使えば短時間で
中まで卵液がしみしみの、
本格フレンチトーストに

とろふわ
フレンチ
トースト

COLUMN 速攻！ レンジで簡単マグスープ

簡易なみそ汁なのに、
さば水煮缶のうまみのおかげで
おいしさは格別

さばのみそ汁

◎ 材料（1人分）

さば水煮缶…1/2缶
湯…100㎖
みそ…小さじ1〜2
刻みねぎ…好みの量

☜ 作り方

❶ 耐熱の器にさばを汁ごと入れ、湯を加え
たら電子レンジで1分加熱する。
❷ みそを溶きまぜ、ねぎを散らす。

カット野菜を使えば食物繊維
豊富なスープが簡単に。キャベツと
コンソメの量は好みで調節を

せん切りキャベツコンソメスープ

Before

◎ 材料（1人分）

せん切りキャベツ…約30g
ウインナー…1本
顆粒コンソメ…小さじ1
湯…150㎖
塩、粗びき黒こしょう…各好みの量

☜ 作り方

❶ マグカップにキャベツを入れ、キッチン
ばさみで切ったウインナーを入れる。
❷ コンソメを加え、ふんわりラップをかけ
て電子レンジで1分30秒加熱する。
❸ 湯を注いでまぜ、味をみて塩、こしょう
を加える。

マグカップひとつで1人分が作れるラクラクスープ。火を使わずにレンジで即できるので、
ごはんものやパンなどに一品加えたいときや、小腹が減ったときに。

卵を入れたらまぜずにチンするのがポイント。
ぽわっとした卵スープは中華にぴったり

ねぎたま中華スープ

ごぼうとベーコンのだしが
たまらないミルクスープ

ベーコンとごぼうの
ミルクスープ

◎ 材料（1人分）

卵… 1個
湯… 150㎖
鶏ガラスープのもと… 小さじ1.5
しょうゆ、ごま油… 各小さじ1/2
塩… 2つまみ
こしょう、刻みねぎ… 各好みの量

◎ 作り方

❶ 耐熱の器に鶏ガラスープのもと、しょう
　ゆ、塩を入れ、湯を注ぐ。
❷ 卵を別の器に割り入れて溶き、❶に回し
　入れる。まぜずにそのまま電子レンジで
　1分加熱したあと、軽くかきまぜたら、
　こしょうとごま油、ねぎを加える。

◎ 材料（1人分）

冷凍ごぼう… 20gくらい
ハーフベーコン… 2枚
顆粒コンソメ… 小さじ1/2
湯… 大さじ4
牛乳… 150㎖
塩… 好みの量

◎ 作り方

❶ 耐熱の器にごぼうとちぎったベーコンを
　入れ、コンソメを加えたら、湯を入れて
　軽くまぜる。
❷ 牛乳を加え、ふんわりラップをかけて電
　子レンジで2分加熱する。
❸ よくまぜて、味をみながら塩を加える。

主役でも 脇役でも いい仕事をしてくれます、

コク出し うまみ調味料

メインで使って、あるいはちょい足しすれば、あっという間に味が決まって深みを出してくれる便利な調味料。冷蔵庫にあると安心！

お好み焼きソース

ウスターソースより若干甘めなのが特徴。これを生かして、実は様々な料理に「隠し味」として使っています。

焼肉のたれ

お好み焼きソースと同様、「隠し味」的な役割を果たしてくれるのが焼肉のたれ。甘辛味とにんにくの香りは、ちょっぴり入れることで名脇役に！

コチュジャン

最近ではどこのスーパーにも売っているコチュジャン。手軽な小さめのビンや、チューブタイプになっていて使いやすいものも。

白だし

すでに完成されたうまみの組み合わせ。そのまま単体で使っても本格的な和食の味に！ 値段と味が比例しやすいのでちょっとお高めのものを買うのも◎。

マヨネーズ

コク出しの王道といえばこれ。ほのかな酸味にクリーミーさがたまりません。上にかけるのはもちろん、「隠し味」としても優秀。

バター

ひとかけで料理全体の味をふくよかにしてくれるバター。しょうやみそ、塩、ポン酢しょうゆなど、どの調味料との相性も最高。

5%の
おかず

ほぼすべてのレシピがレンジやトースターに
おまかせのワンタッチおかずたち。
あとはごはんを用意して、余裕があったらインスタントのみそ汁か
P.70のスープでも用意できれば、立派な献立に！
もちろんおかずだけで食べるもよし、つまみとしても大活躍！

ぷるぷるのゆでたて餃子に、
まぜるだけのごまだれは
クセになるおいしさ

特製ごまだれ
水餃子

◎ <u>材料（1〜2人分）</u>

冷凍水餃子…8〜10個

Ⓐ
- すり白ごま…大さじ2
- 調味酢…大さじ1
- しょうゆ、水…各小さじ1
- ごま油、コチュジャン（あれば）…各小さじ1/2

刻みねぎ…適量

🌙 <u>作り方</u>

❶冷凍水餃子をパッケージの表示どおりゆでる。

❷Ⓐをまぜてごまだれを作る。

❸水気をきった❶を器に並べ、❷をかけたらねぎを散らす。

> POINT コチュジャンを入れればピリ辛に！
> .... もちろんなしでもOK。

ゆでたてのぷるぷる餃子は
お店のような味。冷食最高！

残りのHP ◖ ％

HP5％でも作れるおかず

75

コチュジャンとマヨネーズを
まぜるとよりコク深いピリ辛味に

コチュマヨチキン

🍚 材料（1〜2人分）

鶏手羽中…150g（約8本）

Ⓐ
```
┌ コチュジャン…大さじ1
│ マヨネーズ、めんつゆ
│ （2倍濃縮）、しょうゆ
│    …各大さじ1/2
└ 塩…2つまみ
```
いり白ごま…適量

🥄 作り方

❶手羽中をポリ袋に入れて、Ⓐをすべて加えても
み込み、15分ほどおいてなじませる。

❷耐熱皿に❶を広げ、ふんわりラップをかけて電
子レンジで6分加熱する。肉がまだ生っぽけれ
ば追加で少しずつ加熱して。

❸器に盛って白ごまを振る。

76

◎ 材料（1〜2人分）

鶏手羽中…150g（約8本）

Ⓐ
- 白だし、水…各大さじ1
- チューブにんにく、
- チューブしょうが
  …各1cm

粗びき黒こしょう…適量

ガーリックのパンチと
白だしのコラボで
味わい深い仕上がりに。
おつまみにも！

和風ガーリック チキン

◎ 作り方

❶ 手羽中をポリ袋に入れて、Ⓐをすべて加えてもみ込み、15分ほどおいてなじませる。

❷ 耐熱皿に❶を広げ、ふんわりラップをかけて電子レンジで6分加熱する。肉がまだ生っぽければ追加で少しずつ加熱して。

❸ 器に盛ってこしょうを振る。

レンチン豚バラ

薄切りの豚肉は、
時間をおかなくても味が
なじんでおいしく仕上がる！

豚バラのねぎ塩
レモン蒸し

🍚 材料（1〜2人分）

豚バラ薄切り肉…250g
刻みねぎ…50g

Ⓐ
- みりん…大さじ2
- 鶏ガラスープのもと…小さじ2
- 塩…小さじ1/4
- チューブにんにく…2㎝

レモン汁、粗びき黒こしょう
　…各好みの量

🍳 作り方

❶ キッチンばさみで適当な大きさに切った豚バラ肉とねぎの半量をポリ袋に入れ、Ⓐを加え、もみ込む。

❷ 耐熱皿に広げ、ふんわりラップをかけて電子レンジで7分加熱する。肉がまだ赤ければ追加で少しずつ加熱して。

❸ よくほぐして器に盛り、レモン汁、こしょうをかけ、残りのねぎを散らす。

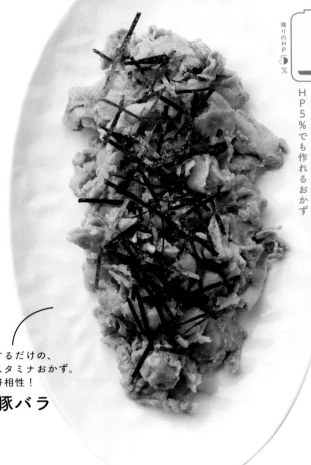

材料（1〜2人分）

豚バラ薄切り肉…250g

Ⓐ
- マヨネーズ…大さじ1.5
- ポン酢しょうゆ…大さじ3
- ごま油…小さじ1

刻みのり…好みの量

作り方

❶ キッチンばさみで適当な大きさに切った豚バラ肉をポリ袋に入れて、Ⓐを加えてもみ込む。

❷ 耐熱皿に❶を広げ、ふんわりラップをかけて電子レンジで7分加熱する。肉がまだ赤ければ追加で少しずつ加熱して。

❸ よくほぐして器に盛り、のりをたっぷりとかける。

もみ込んでチンするだけの、
ごはんがすすむスタミナおかず。
マヨとポン酢は好相性！

マヨポン豚バラ

箸に入れてモミモミしたら、
間髪いれず、レンジでチン！

ガッツリならバラ肉、ヘルシーに
仕上げたいならロース肉の薄切りで

豚肉の
しそチーズ巻き

🌀 材料（1～2人分）

豚薄切り肉…200g
青じそ、ピザ用チーズ
　…各好みの量
塩…2つまみ
粗びき黒こしょう…3振り
酒…大さじ1

🥄 作り方

❶ 豚肉をトレーからそのまま取り出し、肉が重なったまま塩、
　こしょうを振る。

❷ はみ出さないように縁を1cmほどあけながら、❶にチーズ
　と青じそを広げる。両端3分の1を中央に向かって折りた
　たむようにして包む。

❸ 酒を振りかけ、ふんわりラップをかけて電子レンジで7分
　加熱する。

❹ 食べやすく切って器に盛り、青じそが余っていれば切って
　のせる。

思い立ったらさっと作れる簡単さ。
おつまみに最適！

ちくわとアスパラの
明太マヨソース

◉ 材料（1〜2人分）

ちくわ…4〜5本
冷凍アスパラガス…4〜5本
明太子パスタソース…1人分
マヨネーズ、刻みのり…各好みの量

◉ 作り方

❶ 耐熱皿に、3cmくらいの長さに折ったアスパラを入れてラップをかけ、電子レンジで1分30秒加熱する。

❷ 水気をきり、手でちぎったちくわを加え、明太子パスタソースをかけて、よくまぜる。

❸ マヨネーズをかけて、ふんわりラップをかけたらレンジで1分30秒加熱する。パスタソースに刻みのりがついていれば、かける。

81

塩鮭でも生の鮭でもOK。
しょうゆの量で味を調節して。
きのこと包めば栄養価もアップ

鮭ときのこの
バターじょうゆ
ホイル焼き

🍩 材料（1人分）

鮭…1切れ
しめじ…1/4袋
酒…大さじ1
バター…小さじ1
しょうゆ…好みの量

🥄 作り方

❶ アルミホイルに鮭をのせ、酒を振りかける。しめじは石づきをとってほぐし、鮭にのせる。バターをちぎってのせ、アルミホイルの口をしっかり閉じてキャンディ包みにする。

❷ オーブントースターで15～20分焼き、しょうゆをかける。

魚を焼くのは面倒、そんなときはホイル焼きがおすすめ！

82

調味料をもみ込むことで、
しっかりした味つけに！
おつまみにもぴったり

シーフードミックスの
ガリバタ焼き

🍚 材料（1人分）

冷凍シーフードミックス…200g
顆粒だし…小さじ1
チューブにんにく…2㎝
バター…小さじ1
粗びき黒こしょう…好みの量

🥄 作り方

❶ 冷凍シーフードミックスは表面を洗い流して水気をきる。

❷ ポリ袋に❶とだし、にんにくを入れ、よくもみ込む。

❸ アルミホイルに❷とバターをのせ、こしょうを振ってキャンディ包みにしたらオーブントースターで15〜20分焼く。

冷凍ほうれんそうでちょいおかずバリエ

 ## ほうれんそうのベーコンコーンガーリック

◎ 材料（1人分）

冷凍ほうれんそう…80g
ハーフベーコン…2枚
冷凍コーン…大さじ2
チューブにんにく…5mm～1cm
顆粒だし…小さじ1/2

🍳 作り方

❶ ほうれんそう、ちぎったベーコン、コーンを耐熱皿に入れ、ふんわりラップをかけて電子レンジで2分加熱する。
❷ にんにく、だしを加えてまぜる。

 ## ほうれんそうのごまあえ

◎ 材料（1人分）

冷凍ほうれんそう…80g
すり白ごま…大さじ1.5
砂糖…小さじ1/2
しょうゆ…小さじ2
すり白ごま…好みの量

🍳 作り方

❶ ほうれんそうを耐熱皿に入れてふんわりラップをかけ、電子レンジで1分加熱する。
❷ 水気をきって、すりごま、砂糖、しょうゆを加えてよくまぜ、好みでさらに白ごまを振る。

 ## ほうれんそうのおひたし

◎ 材料（1人分）

冷凍ほうれんそう…50g
白だし…小さじ1
水…大さじ1
かつお節…好みの量

🍳 作り方

❶ ほうれんそうを耐熱皿に入れて白だし、水をかけてまぜる。
❷ ふんわりとラップをかけ、電子レンジで1分加熱する。
❸ ざっとまぜて、かつお節をのせる。

こちらも定番副菜！
たっぷりめに作って
作りおきにしても

**ほうれんそうの
ごまあえ**

冷凍のほうれんそうと
コーンの常備さえあれば！

**ほうれんそうの
ベーコンコーン
ガーリック**

冷凍ほうれんそうは
コンビニやドラッグストアにも
売っていて便利！

シンプルイズベスト！
な和副菜の定番

**ほうれんそうの
おひたし**

85

冷凍ブロッコリーでちょいおかずバリエ

 ## ブロッコリーのみそチーズ焼き

◎ 材料（1〜2人分）

冷凍ブロッコリー…120g
めんつゆ（2倍濃縮）…小さじ2
みそ…小さじ1
ピザ用チーズ…好みの量

🍳 作り方

❶ ブロッコリーを耐熱皿に入れてふんわりラップをかけ、電子レンジで2分加熱する。
❷ めんつゆとみそをよくまぜておく。
❸ ❶の水気をきって、❷を加えてまぜ、チーズをのせてトースターで焼く。

 ## ブロッコリーとコーンのカレーマヨ

◎ 材料（1〜2人分）

冷凍ブロッコリー…120g
冷凍コーン…大さじ2
カレー粉…小さじ1/2〜1弱
マヨネーズ…大さじ1
中濃ソース…小さじ1

🍳 作り方

❶ ブロッコリーとコーンを耐熱皿に入れてふんわりラップをかけ、電子レンジで2分30秒加熱する。
❷ ❶の水気をきって、カレー粉、マヨネーズ、中濃ソースを加えてよくまぜる。

 ブロッコリーも少量ずつ使えて便利な冷凍野菜
下ゆでなしでレンチンするだけ！

下ゆでなしでラクラク。
とろーりこんがりレシピ

ブロッコリーのみそチーズ焼き

HP5%でも作れる副菜

カレー粉の量はお好みで調節して
ブロッコリーと
コーンのカレーマヨ

冷凍里芋でちょいおかずバリエ

 ## 里芋のチーズ焼き

◎ 材料（1〜2人分）

冷凍里芋…150g（約6個）
めんつゆ（2倍濃縮）…大さじ1
マヨネーズ、ピザ用チーズ
　　…各好みの量
粗びき黒こしょう…好みの量

◉ 作り方

❶ 里芋をグラタン皿に入れてふんわりとラップをかけ、電子レンジで2分加熱する。
❷ ❶の水気をきってフォークなどで半分に切り、めんつゆを加える。
❸ マヨネーズ、チーズをかけてトースターでこんがりと焼き、こしょうを振る。

 ## ツナ入り里芋ポテサラ

◎ 材料（1〜2人分）

冷凍里芋…150g（約6個）
ツナ缶…1/2缶
マヨネーズ、牛乳…各大さじ1
塩…2つまみ
こしょう…好みの量

◉ 作り方

❶ 里芋を耐熱皿に入れてふんわりとラップをかけ、電子レンジで2分加熱する。
❷ ❶の水気をきってフォークなどでつぶし、汁をきったツナ、マヨネーズ、牛乳、塩を加えてまぜ、こしょうを加える。

 まるでゆでたてのおいしさ！
皮をむく必要もないので冷凍最高

たんぱくな里芋が
濃厚なチーズ＆マヨと
からんで美味！
里芋のチーズ焼き

ねっとりとした里芋の食感を生かした
変わりポテサラ
ツナ入り里芋ポテサラ

冷凍ごぼうでちょいおかずバリエ

 ## ごぼう豆腐

材料（1人分）

冷凍ごぼう…30g
きぬごし豆腐…小1丁
ごまドレッシング、焼肉のたれ
　…各大さじ1弱
刻みねぎ…好みの量

作り方

❶ごぼうを耐熱皿に入れて、ふんわりラップをかけて50秒加熱する。
❷ごまドレッシングと焼肉のたれを加え、まぜる。
❸器に盛った豆腐に❷とねぎをのせる。

POINT 豆腐は大きいパックではなく、小さいパックが3つセットになっているものがちょうどよいサイズ。

 ## ごぼうの柚子こしょうポン酢あえ

材料（1人分）

冷凍ごぼう…60g
ポン酢しょうゆ…大さじ1
チューブ柚子こしょう…1cm
いり白ごま…好みの量

作り方

❶ごぼう、ポン酢、柚子こしょうを耐熱皿に入れてよくまぜる。
❷ふんわりとラップをかけて電子レンジで1分30秒加熱する。
❸白ごまを振り、よくまぜる。

 泥落としも皮むきもアク抜きも下ゆでも、
一切必要ありません

チューブの柚子こしょうで
香り高い一品に

ごぼうの柚子こしょう
ポン酢あえ

ごまドレと焼肉のたれの
濃厚な組み合わせが豆腐とマッチ

ごぼう豆腐

残りのHP `▶` ％

HP5％でも作れる副菜

冷凍アスパラでちょいおかずバリエ

 ## アスパラベーコンのバターペッパー

◎ <u>材料（1人分）</u>

冷凍アスパラガス…4本
ハーフベーコン…2枚
バター…小さじ1
塩…ひとつまみ
粗びき黒こしょう…好みの量

🌙 <u>作り方</u>

❶ アスパラを3〜4cm幅に折って、ちぎったベーコンとともに耐熱皿に入れる。
❷ バターをのせて、ふんわりとラップをかけたら電子レンジで2分加熱する。
❸ 塩、こしょうを加えてよくまぜる。

 ## アスパラのレンジおひたし

◎ <u>材料（1人分）</u>

冷凍アスパラガス…4本
白だし…小さじ2
水…大さじ1
しょうゆ…小さじ1/2
かつお節…好みの量

🌙 <u>作り方</u>

❶ アスパラを3〜4cm幅に折って耐熱皿に入れ、白だしと水を加える。
❷ ふんわりとラップをかけたら電子レンジで2分加熱する。
❸ しょうゆを加えてよくまぜ、かつお節をのせる。

 立派なアスパラが冷凍で一年中常備可能！

ぜ〜んぶ入れて
レンジでチン！ で完成。
おかず、おつまみ、お弁当にどうぞ

**アスパラベーコンの
バターペッパー**

だしのおいしさを
ストレートに味わえる

**アスパラの
レンジおひたし**

93

乾燥わかめでちょいおかずバリエ

 ## かにかまわかめの酢の物

◎ 材料（2人分）

かに風味かまぼこ…4〜6本
乾燥カットわかめ…大さじ2
調味酢…大さじ2
いり白ごま…好みの量

☕ 作り方

❶乾燥わかめを水で戻し、しぼる。
❷かにかまを裂いて❶に加え、調味酢をかけてよくまぜて、白ごまを振る。

 ## ツナマヨわかめ

◎ 材料（2人分）

ツナ缶…1/2缶
乾燥カットわかめ…大さじ2
マヨネーズ…大さじ1
しょうゆ…小さじ2

☕ 作り方

❶乾燥わかめを水で戻し、しぼる。
❷❶に汁をきったツナと、マヨネーズ、しょうゆを加えてよくまぜる。

 水につけるだけでみるみる増えるわかめは、便利なので戸棚に常備

和食や中華の献立に
ピッタリの副菜
かにかまわかめの酢の物

わかめをクリーミーな
ツナマヨとあえて
ツナマヨわかめ

残りのHP

PART 2

20%

少しならキッチンに
立てるかな。の料理

フライパンや炊飯器、レンジひとつで作れる、簡単だけどご馳走感のある満腹レシピ。
一品完結でドーンと出来上がったとき、疲れも吹っ飛ぶはず。
何日も楽しめる作りおきレシピもご紹介します。

◍ <u>材料（1人分）</u>

ショートパスタ…80g
さんま蒲焼き缶…1缶

Ⓐ ┌ オリーブ油…大さじ1.5
 │ チューブにんにく…1cm
 └ チューブ柚子こしょう…2cm

刻みねぎ…好みの量

② ② ③

◔ <u>作り方</u>

❶ パスタを袋の表示どおりにゆでる。
❷ 耐熱容器にさんま蒲焼き缶をあけ、Ⓐを加え、さんまを軽くほぐしながらまぜる。
❸ ふんわりラップをかけて電子レンジで40秒加熱し、湯をきった❶を加えてあえ、器に盛ってねぎをのせる。

> POINT
> パスタはレンジでチンしてもOK（詳しい方法はp.42参照）。また、ロングタイプのパスタでもおいしく作れます。

まぜるだけの簡単パスタ。
ショートパスタは早ゆでタイプを使うと
ますます手軽に

蒲焼き缶の甘辛だれと
柚子こしょうの
刺激的な香りが絶妙にマッチ

さんまの
柚子こしょうパスタ

◉ **材料（1人分）**

A ┌ せん切りキャベツ…1袋
　│ 豆腐（もめんまたは絹）…小1丁（150g）
　│ 卵…1個
　│ 片栗粉…大さじ2
　└ 顆粒だし…小さじ1
サラダ油…大さじ1
青のり、かつお節、マヨネーズ、
　お好み焼きソースなど…各好みの量

● **作り方**

❶ ポリ袋にⒶを入れて、もむようにしてまぜる。

❷ フライパンにサラダ油を引いて、❶を袋から出して丸く
　のばし、中火で3分ほど焼く。

❸ ひっくり返して焼き色がつくまでさらに3分ほど焼き、
　器に移し、ソース、マヨネーズ、青のり、かつお節など
　お好みでかける。

> POINT
> .... お好みで、❷で豚肉を敷いて焼いてもOK。

キャベツは、せん切りが面倒なら
カット野菜を使えばラクラク！
豆腐は水きりも不要です

ふわっとしたお好み焼きが食べたいけれど
山芋をすりおろすのは面倒……
そんなときは豆腐で代用！

キャベツたっぷり！
ふわふわお好み焼き

◎ **材料（1〜2人分）**

冷凍里芋…約200g
豚ひき肉…約50g
マヨネーズ…大さじ1/2
顆粒コンソメ…小さじ1
パン粉…大さじ3
サラダ油…小さじ2

🍳 **作り方**

❶ 里芋を耐熱皿に入れてふんわりとラップをかけ、電子レンジで3分加熱する。

❷ 水気をきってフォークでつぶし、ひき肉をのせ、再びラップをかけて電子レンジで2分加熱する。

❸ マヨネーズと顆粒コンソメを加えてよくまぜる。

❹ パン粉にサラダ油を加えてよくまぜ、❸にのせ、オーブントースターで焼き色がつくまで3分ほど焼く。

> POINT　パン粉にサラダ油をまぜることで、焼いたときによりサクサクになる。パン粉はからいりする必要なし。

冷凍里芋を使えば、
下ゆでや皮むきの必要なし！

ねっとりとした里芋と
表面のサクサク食感がクセになる、
ごちそうおかず

里芋スコップ
コロッケ

炊飯器を使うとびっくりするくらい
白菜がトロトロに。鶏肉も箸で
ほぐせるので、包丁いらず

鶏肉と白菜の
うまとろ塩煮込み

材料（1〜2人分）

鶏もも肉…250g
白菜…約1/4個

Ⓐ
[顆粒だし…小さじ1
  塩…小さじ1/2
  チューブしょうが…5cm
  酒…大さじ2
  みりん…大さじ1]

作り方

❶ 白菜は芯を切り落とし、長さを半分に切る。

❷ 炊飯器の内釜に鶏肉を入れて❶をのせ、Ⓐを加えたら、鶏肉が軽くつかるくらいの水150〜200㎖（分量外）を入れる。

❸ 普通モードで炊き、鶏肉を箸で一口大にほぐす。

全部入れてスイッチ押すだけで、
まるで数時間煮込んだおいしさに

白菜たっぷりめで
ヘルシーにしてもよし、
お肉たっぷりめで
がっつりにしてもよし

白菜と豚肉の
重ね蒸し

◎ 材料（1～2人分）

白菜…約1/4個
豚バラ薄切り肉…200g～好みの量
顆粒だし…大さじ1
塩、こしょう…各適量
いり白ごま…好みの量

◍ 作り方

❶ ちぎった白菜→広げた豚肉→塩、こしょうの
順に、炊飯器の内釜に3～5層重ねていく。

❷ 顆粒だしと水100㎖（分量外）を加え、普通
モードで炊く。器に盛り、白ごまを振る。

POINT　塩、こしょうをしっかりめに振るのがポ
イント。もし味が薄ければ、ポン酢しょ
うゆなどをかけても。

105

◎ <u>材料（3〜4人分）</u>

大根…1/3本
ちくわ…4本
ウインナー…4本
結びしらたき…4〜6個
うずら卵水煮…1袋（約8個）
白だし…100㎖
水…800㎖

🥄 <u>作り方</u>

❶大根は皮をむき、2㎝厚さくらいの輪切りにする。
　ちくわ、ウインナーは半分に切る。

❷炊飯器の内釜に❶と洗ったしらたきを入れ、白だし
　と水を加える（具材がだいたい浸るように。足りなけ
　れば白だしと水を1：8でまぜて足す）。

❸普通モードで炊き、うずら卵を加えて15分くらい
　保温でおく。

> POINT　　炊飯器のMAXの目盛りを越えないように注意。
> ·············　具材や水の量を調節して。

下ゆで等も必要なし！
余った分は保存用バッグなどで
冷蔵すれば、翌日にはさらに味しみ！

炊飯器で味しみ！
調味料は白だしだけで
シンプルなおでんが
簡単に作れます

手抜き味しみ
おでん

◎ **材料（1〜2人分）**

えのきだけ…1/2〜1袋
豚薄切り肉…100〜150g
焼肉のたれ…大さじ2〜3
マヨネーズ…好みの量

◉ **作り方**

❶ えのきは根元をキッチンばさみで切り落としてほぐす。
　1cm強くらいの太さになるようにえのきを束ね、豚肉で
　巻く。

❷ 耐熱皿に並べて焼肉のたれをからめ、マヨネーズをかけ
　る。

❸ ふんわりラップをかけて、電子レンジで5分加熱する。
　肉がまだ赤ければ追加で少しずつ加熱して。

POINT　大量に作る場合はフライパンで焼いたあとにふた
　　　　をして蒸し焼きにしても。

耐熱皿で調理してそのまま食卓へ！
盛り替えいらず、洗い物最低限

お手軽に作れるがっつりおかず

レンジで
肉巻きえのき

1日目はごはんでシンプルに食べて、
2日目以降はアレンジおかずで

ほうれんそうとトマトのキーマカレー

材料（2～3人分）

豚ひき肉…300g
冷凍ほうれんそう…2つかみ
ミニトマト…7～8個

Ⓐ
- カレー粉…大さじ1.5
- ケチャップ…大さじ3
- 中濃ソース…大さじ1
- しょうゆ、顆粒コンソメ…各小さじ2
- 砂糖…小さじ1
- チューブしょうが、チューブにんにく…各3cm
- 水…100～150mℓ

作り方

1. 耐熱皿にひき肉を入れ、Ⓐを加えてよくまぜる。
2. 冷凍ほうれんそう、半分に切ったミニトマトをのせたら、ふんわりラップをかけて電子レンジで4分30秒加熱する。
3. ミニトマトをつぶしながらよくまぜて、ラップをかけずにレンジでさらに4分加熱したら、よくまぜる。

POINT

ミニトマトが大きめの場合は、水の量を少なめに調節して。

みじん切り不要！ まぜて
チンするだけのキーマカレー

チーズキーマトースト

🍳 材料（1人分）

8枚切り食パン…1枚
キーマカレー、ピザ用チーズ
　…各好みの量

🥄 作り方

食パンにキーマカレーを広げ、チーズをのせて、オーブントースターで好みの焼け具合になるまで焼く。

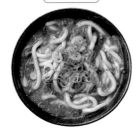

カレーうどん

🍳 材料（1人分）

ゆでうどん…1玉
キーマカレー…約大さじ6
水…150㎖
Ⓐ［めんつゆ（2倍濃縮）
　　…大さじ2
　　しょうゆ…小さじ1］
片栗粉…大さじ1
刻みねぎ…好みの量

🥄 作り方

❶ 耐熱のどんぶりに水、うどんを入れてほぐし、ふんわりラップをかけて電子レンジで1分加熱する。
❷ カレー、Ⓐを加えてよくまぜ、ふんわりラップをかけて2分加熱する。
❸ 片栗粉を大さじ1の水（分量外）で溶き❷に加えてよくまぜ、再度ラップをして1分加熱する。まぜてねぎをのせる。

スパイシースパニッシュオムレツ

🍳 材料（1～2人分）

卵…3個
キーマカレー…約大さじ5
Ⓐ［牛乳、マヨネーズ、
　　粉チーズ…各大さじ1］

🥄 作り方

❶ 耐熱皿に卵を溶きほぐし、カレーとⒶを加え、よくまぜる。
❷ ふんわりラップをかけて電子レンジで2分加熱する。
❸ 一度取り出して固まった部分を崩しながらまぜ、さらに3分加熱する。

具が少ない市販のミートソースを、超
簡単に贅沢ソースに変身させます

レトルト大変身！
お肉ごろごろミートソース

◉ 材料（２〜３人分）

豚ひき肉…250〜300ｇ
レトルトのミートソース
　　…１袋（２人分）
Ⓐ ┌ 塩…小さじ1/4
　　│ こしょう…３振り
　　│ チューブにんにく…３ cm
　　└ ケチャップ…大さじ３〜好みの量

◔ 作り方

❶ 耐熱皿にひき肉を入れてⒶを加えてさっくりまぜ、ラップをせずに電子レンジで３分加熱する。
❷ ミートソースを加えてまぜ、ラップをせずに電子レンジで４分加熱する。
❸ 味見して物足りなければケチャップを加えてまぜる。

味もレトルトで決まっているので失敗なし！
最初はパスタで召し上がれ！

クリーミーごはんのミートドリア

🍥 材料（1人分）

ミートソース…好みの量

Ⓐ ┌ ごはん…茶碗1杯分
　 │ 顆粒コンソメ…小さじ1/2
　 │ 牛乳、粉チーズ
　 └ 　…各大さじ1
ピザ用チーズ…好みの量

🥄 作り方

❶ Ⓐをまぜ合わせる。
❷ ミートソースをのせてふんわりラップをし、レンジで1分加熱する。
❸ チーズをのせ、トースターでチーズが好みの具合になるまで焼く。好みでパセリやバジルを振る。

ふわふわ卵のレンチンオムライス

🍥 材料（1人分）

ミートソース…好みの量
ごはん…茶碗1杯分
卵…2個

Ⓐ ┌ 牛乳、マヨネーズ
　 │ 　…各大さじ1
　 │ みりん…大さじ1/2
　 └ 塩…2つまみ
ケチャップ…好みの量

🥄 作り方

❶ ごはんに冷たいままのミートソースをまぜ、レンジで1分30秒加熱する。
❷ 深めの耐熱の器（どんぶりなど）に卵を溶き、Ⓐを加えてまぜ、ラップをせずにレンジで1分加熱する。取り出してまぜ、再度1分30秒加熱する。
❸ ❷をスプーンですくって❶にのせ、ケチャップをかける。

パプリカのミートソースのせ

🍥 材料（1人分）

パプリカ…好みの量
ミートソース…好みの量
ピザ用チーズ…好みの量

🥄 作り方

❶ パプリカは食べやすく切り、ふんわりラップをしてレンジで1～2分加熱する（固めの食感が好みなら生のままでも）。
❷ ミートソースとチーズをのせ、チーズが溶けるまでレンジで加熱する。

パリパリの皮がたまらない一品。
お子さんのおやつや大人のおつまみにおすすめ！

餃子ハムチーピザ

皮を2枚重ねることで、
まるでラザニアさながらの
モチモチ生地に！

餃子の皮
ラザニア

🍽 材料
（作りやすい分量）

餃子の皮…適量
ロースハム、
　　ピザ用チーズ、
　　マヨネーズ、
　　ケチャップ…各好みの量

🥄 作り方

① アルミホイルを敷いて餃子
の皮を並べ、ちぎったロー
スハムとチーズをそれぞれ
中央にのせる。

② オーブントースターで皮が
パリパリになるまで焼き、
マヨネーズとケチャップを
1：1でまぜたソースにつ
けて食べる。

🍽 材料
（作りやすい分量）

餃子の皮…適量
ホワイトソース、
　　ミートソース、
　　ピザ用チーズ…各好みの量

餃子の皮が数枚残っても日持ちはしないし、捨てるのはもったいない……ということ、ありますよね。餃子の皮は、和洋中にアレンジできる万能な生地なんです！

わざわざタネを包まなくとも
「水餃子スープ」風に。
口に入れば味は一緒！

包まない
水餃子スープ

POINT

深めの耐熱の器を使う場合は中まで温まりにくいので、トースターで焼く前にラップをかけて電子レンジで2分ほど加熱する。

作り方

1. ボウル等に水を張り、餃子の皮を2枚重ねて水にくぐらせる。
2. 耐熱の器に①を2枚重ねにしたまま敷き詰め、ホワイトソース、ミートソースを重ねる。
3. ①〜②を2、3回繰り返し、最後にチーズをのせてオーブントースターで焼き色がつくまで焼く。

材料（1〜2人分）

餃子の皮…10枚
豚ひき肉…100g
にら…約8本
- 水…450㎖
- 鶏ガラスープのもと…大さじ1
A チューブにんにく、チューブしょうが…各1cm
- しょうゆ…小さじ2
こしょう…好みの量

作り方

1. 小鍋にひき肉、キッチンばさみで4cm幅に切ったにらを入れ、Ⓐを加える。
2. 中火で熱し、ふつふつしてから2分ほど煮る。餃子の皮を1枚ずつ入れ、皮に火が通るまで3分ほど煮る。最後にこしょうと、好みでいり白ごまを振る。

残りのHP

 60%

よし、帰って何か作ろう！
のレシピ

2人以上で楽しみたい、大皿料理をご紹介します。
HP60%といえど、超簡単ですから、ご安心を。
買い物に行く元気があればすぐに出来上がります。

サフランがなくても、
フライパンひとつで
作れるパエリア

フライパン
パエリア

フライパンでいためたら、ふた
をして待つだけ。ドーンと出して
ごちそう感満点の食卓に!

材料（2～3人分）

米…1合
冷凍シーフードミックス
　…約200g
ウインナー…5本
パプリカ(赤・黄)…各1/2個
チューブにんにく…5cm

Ⓐ
カレー粉…小さじ1/3
顆粒コンソメ…小さじ1
塩…小さじ1/4
こしょう…好みの量

オリーブ油…大さじ2
水…200mℓ

作り方

❶冷凍シーフードミックスは表面を洗い流す。パプリカは1～2cm幅の細切りにする。
❷フライパンにオリーブ油、にんにくを入れて中火で熱し、冷凍シーフードミックス→ぶつ切りにしたウインナー→米の順に入れていためる。
❸米が透き通ってきたら水を入れ、Ⓐを加えて軽くまぜ、パプリカを並べる。
❹強火にして沸騰したら弱火にし、アルミホイルを落としぶたのようにかぶせたらふたをして、15分加熱する。
❺火を止めて10分蒸らす。おこげを作りたければ、食べる直前にふたとアルミホイルをとって強火で1分ほど加熱する。

❶

❷

❸

❹

POINT
少しだけ入れたカレー粉のおかげで味に深みが出て、米に色もつきます。冷凍シーフードミックスでも十分ですが、むきえびなど使うとおいしさがぐんとアップ。

フライパンひとつで

◎ 材料（1〜2人分）

鶏もも肉…250g
玉ねぎ…1/2個
小松菜…3株
牛乳…180㎖
片栗粉…大さじ1
みそ…小さじ2
塩、こしょう…各好みの量
バター…10g
ピザ用チーズ…好みの量

🌙 作り方

❶ 鶏肉は皮をはいで一口大に切る。玉ねぎは薄切りにする。小松菜は4㎝幅に切る。

❷ フライパンにバターを熱し、鶏肉と玉ねぎを入れて塩、こしょうを加え、中火でいためる。

❸ 火が通ったら小松菜を加えてさっといため、牛乳、大さじ1の水（分量外）で溶かした水溶き片栗粉、みそを加え、よくまぜながら加熱する。

❹ とろみがついたら火を止め、耐熱皿に移してチーズをのせ、オーブントースターで5分ほど焼く。

> POINT　ゆでたマカロニやチンしたじゃがいもを敷いても
> OK！　ごはんを入れればドリアにもなります。

❶

❷

❸

❸

❹

みそでコクを出したクリーミーなグラタン。
生クリームなしでこの濃厚さ

小松菜とチキンの
グラタン

フライパンで具だくさんのベシャメル完成！
最後にトースターでチーズを焼くだけ

いつもとひと味違う、
汁なし担々めん風の焼きそば

小松菜と豚ひき肉の
ごま焼きそば

🍥 材料（1人分）

焼きそばめん…1袋
豚ひき肉…80g
小松菜…2株
焼肉のたれ…大さじ1
チューブにんにく…3cm
コチュジャン…小さじ1
牛乳…大さじ3
すり白ごま…大さじ1
ごま油…小さじ1
塩、こしょう、いり白ごま…各適量

🍳 作り方

1. フライパンにごま油を熱し、ひき肉、焼肉のたれ、にんにくを入れていためる。
2. 肉の色が変わったら、小松菜をキッチンばさみで切って加え、焼きそばめんを入れてほぐしながらいためる。
3. コチュジャン、すりごま、牛乳を加えて水分が飛ぶまでいためたら、味をみて塩、こしょうを加えていため合わせる。皿に盛り、いり白ごまをかける。

> POINT　辛いのが好みなら、コチュジャンを増やしてもOK。

意外なおいしさに食べてびっくり！
疲れも吹っ飛ぶスタミナ焼きそば

フライパンひとつで

◎ 材料（1〜2人分）

なす…中2本
トマト…大1個
豚ひき肉…80g
焼肉のたれ…大さじ1
チューブにんにく…3cm
サラダ油…小さじ1
ピザ用チーズ…好みの量
塩、こしょう…各好みの量

🥄 作り方

❶ なすは1cmくらいの厚さで斜めにスライスし、10分ほど水にさらしてアク抜きする。トマトは2cm角くらいに切る。

❷ フライパンにサラダ油を熱し、ひき肉と焼肉のたれ、にんにくを加えていためる。

❸ 肉の色が変わったらなす、トマトの順に重ねて塩、こしょう各少々を振り、水50ml（分量外）を加えてふたをし、5分ほど弱めの中火で蒸し焼きにする（なすがくたっとするまで）。

❹ ふたをとったらチーズをのせ、チーズが溶けるまで加熱する。味をみて足りなければ塩、こしょうを振る。

> POINT
> トマトが水っぽくて汁が多い場合は、手順❸で加える水の量を減らして。焼き色が欲しければ、最後にグラタン皿に移してトースターで焼いてもOK。

なすとトマトを重ねて蒸し焼きに。
なすの代わりにズッキーニでも美味

なすとトマトの
ラザニア風

フライパンごと食卓に出せば
洗い物も少なく、盛り替えもなしで
冷めないうちにおいしく食べられる！

煮込まずフライパンで
さっと作れるハッシュドポーク。
パンにもごはんにもぴったり

煮込まない
ハッシュドポーク

◍ 材料（2〜3人分）

豚こま切れ肉…300ｇ

玉ねぎ…1/2個

Ⓐ ［ ケチャップ…大さじ3
　　 お好み焼きソース、しょうゆ…各大さじ1
　　 顆粒コンソメ…小さじ1 ］

小麦粉…大さじ2

🥄 作り方

❶玉ねぎは薄切りにする。

❷フライパンに豚肉、❶、Ⓐを加え、まぜながら中火でいためる。

❸火が通ったら小麦粉を少しずつ加えてまぜ、粉っぽさがなくなるまでいためる。

❹水250㎖（分量外）を加えてまぜながら煮、とろみがついたら火を止める。

POINT
ウスターソースでなくお好み焼きソースを加えることで、甘さとコクがプラス。

キッチンに立つ時間最短で、煮込み風料理が完成！

◍ 材料（2〜3人分）

豚こま切れ肉…300ｇ
玉ねぎ…1/2個
せん切りキャベツ…１袋
ピザ用チーズ…好みの量
焼肉のたれ…大さじ３
チューブにんにく…４㎝
コチュジャン…大さじ１〜
ごま油…大さじ1/2

◔ 作り方

❶ 玉ねぎは薄切りにする。

❷ フライパンにごま油を熱し、豚肉、玉ねぎ、焼肉のたれ、にんにくを入れて火が通るまでいためる。コチュジャンを加えてよくまぜ、キャベツを加えてさっといため合わせる。

❸ フライパンの真ん中をあけてチーズをたっぷり入れ、溶かす。

> POINT
> .... チーズは真ん中に入れずに、全体に散らして溶かしてもOK。

溶けたチーズとうま辛な豚肉の相性がばつぐん！
ごはんがもりもりすすむおかず

鶏肉で作るチーズタッカルビを、豚肉で。
チーズをたっぷりからめながらどうぞ

チーズ豚ッカルビ

◍ 材料（2〜3人分）

豚ひき肉…180g

えのきだけ、にら…各1/2袋

Ⓐ
┌ 片栗粉、みりん…各大さじ1
│ 塩…3つまみ
└ チューブしょうが…4㎝

ごま油…大さじ1/2

しょうゆ、酢…各好みの量

🥄 作り方

❶ えのきとにらを1㎝幅くらいに刻む。

❷ ポリ袋に❶、ひき肉、Ⓐを入れて粘り気が出るまでもむ。

❸ フライパンにごま油を熱し、❷を絞り出したらスプーンなどで平たくのばして丸くする。

❹ 中火で2分ほど焼いて焼き色がついたらひっくり返し、ふたをして弱火で7分焼く。好みでしょうゆと酢をつけて食べる。

POINT　ひっくり返すときは、ふたに滑らせるようにのせ、フライパンをかぶせて返すと失敗なし。

一個ずつ丸めるのは面倒なので、袋でモミモミして、どーんと一枚で焼こう

ドーンと大きな大きな、
餃子味のつくね

丸めない
中華風つくね

◎ 材料（1〜2人分）

鶏むねひき肉…200g

豆腐（もめんまたは絹）…100g

Ⓐ
- 顆粒コンソメ…小さじ1
- 塩…2つまみ
- こしょう…3振り
- チューブにんにく…2cm
- マヨネーズ…大さじ1
- 片栗粉…大さじ2

サラダ油…大さじ3

◐ 作り方

❶ ポリ袋にひき肉、豆腐、Ⓐを入れ、粘り気が出るまでよくもむ。

❷ フライパンにサラダ油を熱し、❶を大さじですくって入れ、楕円形にして並べ、揚げ焼きにする。

❸ きつね色にこんがりしてきたらひっくり返し、裏面も揚げ焼きにする。

❹ 油をきって盛りつけ、好みでケチャップ、マスタード、マヨネーズなどを添える。

> POINT
> にんにくマヨのおかげで物足りなさは感じません。子どもも大人も大好きなおかず。

表面はサックサク！
中は豆腐入りで
やわらかく、ヘルシー

ふわふわ豆腐
チキンナゲット

箸でもんで、焼くだけ。揚げ物に抵抗がある人も、
揚げ焼きなので油の処理とそうじがラクチン！

炊飯器でポン

🌐 <u>材料（2〜3人分、5合炊きの炊飯器で1個分）</u>

合びき肉…400g
玉ねぎ…1個
8枚切り食パン…1枚
牛乳…大さじ5

Ⓐ ┌ 塩…小さじ1/2
　 │ こしょう…6振り
　 └ チューブにんにく…3cm
Ⓑ ケチャップ、中濃ソース…各好みの量
つけ合わせの野菜…お好みで

🍲 <u>作り方</u>

❶炊飯器の内釜に食パンを細かくちぎって入れ、牛乳を加えて浸す。

❷みじん切りにした玉ねぎとひき肉、Ⓐを❶に加えて粘り気が出るまでまぜ、平らにならす。

❸つけ合わせ用の野菜（皮をむかずに芽だけをとったじゃがいも丸ごと、皮だけむいたにんじん丸ごとなど）をクッキングシートで包んで肉だねの上にのせ、普通モードで炊く。

❹つけ合わせをとり出し、ハンバーグをフライ返しなどで押さえ、内釜を傾けて器に肉汁をとっておく。大きめの平皿を釜にかぶせて上下をひっくり返し、ハンバーグを器に盛る。

❺❹の肉汁とⒷをまぜてソースを作り、ハンバーグにかける。つけ合わせの野菜は切り分け、盛りつける。

> POINT
> 3合炊きの場合は生焼けだったら追加で炊飯するか、ラップをかけてレンジで加熱して。または、材料を半分〜3分の2にすると作りやすい。

つけ合わせの野菜は
クッキングシートで包んでポン！
あらかじめカットしておく必要なし

丸めない！
大きな一発ハンバーグ

炊飯器の内釜をボウル代わりに
まぜまぜ→スイッチピ！ で完成！

残りのHP **60**％

◎ 材料（1〜2人分）

えのきだけ、しめじ…各1/2袋

ハーフベーコン…4枚

塩…小さじ1/2

水…150㎖

Ⓐ ┌ みそ…小さじ1
  │ 牛乳…300㎖
  └ 片栗粉…大さじ1

粗びき黒こしょう…好みの量

🥄 作り方

❶ 石づきをとってほぐしたえのきとしめじ、ちぎったベーコンを小鍋に入れ、水と塩を加えたら、中火でふたをして5分ほど、きのこがくたっとするまで加熱する。

❷ ❶にⒶを加えてよくまぜて溶かしたら、とろみがつくまでさっと煮る。

❸ 味をみて、こしょうを加える。お好みでバター10g（分量外）を加えても。

> POINT　片栗粉でとろみをつけるのでコトコト煮込む必要がなく、さっと作れます。みそがコクを出してくれる隠し味。

やさしいスープに疲れた
カラダがじーんといやされる

きのこはお好みのものを使ってOK。
朝食などにぴったりの、おかずスープ

煮込まない
きのこチャウダー

見映え
よし　味よし

仕上げのひと振り カタログ

仕上げにひと振りすることで、もう一段おいしくなるアイテムをご紹介します。見た
目もよくなるので、写真を撮りたいときや誰かに料理を出すときにも。

ごま

「いり白ごま」なら味に大きな変化なく、見映えをアップできます。もちろん、たっぷりかけて味の変化を楽しんでも◎。

粗びき黒こしょう

こしょう好きのかたも多いはず。スパイシーで香りもよく、なじみ深いので使いやすい調味料。

青じそ

手でちぎっても、はさみや包丁で細く切ってもOK。香りが強く、和食のアクセントとして最高。チーズなどとの相性も◎。

乾燥パセリ、バジル

スーパーでビンなどに入って売っているので、手軽に手に入ります。生パセリに香りは劣りますが、見映えアップは同じ！

ねぎ

青ねぎの小口切りや、刻み長ねぎをお好みで。本書では必須アイテムです。冷凍しておけば保存もできるのでぜひ常備を。

かつお節

だしにも使われるほどうまみの強い削り節。上からかけるとさらに香りがいっぱいに広がります。

体力なくて作るズボラめし、
少しでも見た目をおいしくしたい、
そんなときにお役立ち！

粉チーズ

パスタやリゾットなどの仕上げに
振ると、コクが一気にアップ。塩
気もあるので、ひと味足りないと
きにも振ってみて。

刻みのり

刻む手間なしなのがうれしい、刻
みのり。香りがたまらなくよく、
黒で色みのアクセントにもバッチ
リ。

青のり

ひと振りで、磯の香りが広がる一
品に。うどんやお好み焼きなど、
和食との相性がよい。「のり塩」
のように、塩との相性も◎。

ひとのせ ひとかけ

料理がぐんとボリュームアップして、リッチな気分になれるアイテム。
冷蔵庫にストックしておいて、レシピになくても自在にアレンジしてくださいね。

卵

生卵、卵黄だけ、温泉卵
など、好みの感じでのっ
けてOK。卵をプツンと
割ったときに流れ出す黄
身がたまりません。

マヨネーズ

頻出のマヨネーズ。好み
でかけながら、味変を楽
しんでも。食べごたえが
増すので、おなかぺこぺ
このときも満たされます。

Index

犬飼つな（いぬかいつな）

月間300万PVを誇るサイト「サルワカ」で「力尽きたときのための簡単レシピ」を制作。Webライターとしても活躍。レシピ監修、グルメレポ＆レシピ記事執筆、書籍執筆などを行う。
サルワカ https://saruwakakun.com
Twitter　@nopower_recipe

STAFF

デザイン　吉村 亮、石井志歩（Yoshi-des.）
イラスト　岡村優太
撮影　　　犬飼つな、大場千里
編集・文　中野桜子

力尽きレシピ2
ちから つ

2020年3月30日　初版第1刷発行

著者　　　犬飼つな
発行者　　田邉浩司
発行所　　株式会社　光文社
　　　　　〒112-8011　東京都文京区音羽1-16-6
　　　　　電話　編集部 03-5395-8172
　　　　　　　　書籍販売部 03-5395-8116
　　　　　　　　業務部 03-5395-8125
　　　　　メール　non@kobunsha.com
　　　　　落丁本・乱丁本は業務部へご連絡くださればお取り替えいたします。

組版　　　堀内印刷
印刷所　　堀内印刷
製本所　　ナショナル製本